Was ich dir wünsche, viel Glück

Texte von Ellen Sonntag

GROH

Nach altem Brauch schickt man
mit den Samen der Pusteblume
seine Wünsche auf die Reise.

Ich gebe diesen kleinen Schirmchen
meine Glücks-Wünsche für dich mit –
in der Hoffnung, dass sie bei dir ankommen,
Wurzeln schlagen, wachsen und blühen ...

Höhenflüge wünsche ich dir –
jene ganz besonderen Momente im Leben,
in denen man alle Erdenschwere
hinter sich zu lassen scheint.

Und wenn du wieder gelandet bist,
wünsche ich dir,
dass das erlebte Glück noch lange
in deinen Alltag hineinstrahlt.

VH-AIU

Ich wünsche dir,

dass das Glück aus deinem Inneren kommt,

und du es weitergibst,

um dich selbst und andere zu erfreuen.

In uns selbst liegen
die Sterne unseres Glücks.

Heinrich Heine

Es gibt Grenzen, die uns gesetzt sind,
und Mauern, die wir nicht überspringen können.

Wenn du an deine Grenzen stößt,
wünsch ich dir, dass du
deine Träume im Blick behältst,
die Mauer mit Rosen umwachsen lässt
und über ihr den blauen Himmel siehst.

Alt und neu spiegeln sich hier
in einem harmonischen Miteinander.
Dass für dich beides seinen Wert hat
und zum Glück in deinem Leben beiträgt,
das ist mein Wunsch für dich.

Alles Alte,
soweit es Anspruch darauf hat,
sollen wir lieben, aber für das Neue
sollen wir recht eigentlich leben.

Theodor Fontane

Wie oft sehen wir nur die dunklen Wolken,
aber verschließen unsere Augen
vor den Lichtblicken im Leben?

Ich wünsche dir
in solchen Situationen die Eigenschaft,
den Regenbogen zu sehen,
um zuversichtlich und optimistisch
nach vorne zu blicken.

Die ganze Mannigfaltigkeit, der ganze Reiz
und die ganze Schönheit des Lebens
setzen sich aus Licht und Schatten zusammen.

Tolstoi

Immer im Licht zu stehen,

ist auf Dauer nicht gedeihlich.

Dass du den Schatten annimmst

und dein Glück in der Harmonie

von Licht und Schatten erlebst,

das wünsche ich dir.

Ich wünsche dir das Glück,
dich frei entfalten und
weiterentwickeln zu können, damit du
starke Wurzeln schlagen kannst,
und dass du dabei die
Unterstützung anderer erfährst.

Glück ist,
in schöpferischer Arbeit
sich verströmen,
im Einklang mit der
inneren Veranlagung leben.
Zenta Maurina

Eine Aufgabe, die dir Freude macht,
die dich immer wieder aufs Neue fordert
und dich in deinem Leben weiterbringt,
das ist mein Wunsch für dich.

Diese Marktfrau hat gerade
etwas erfolgreich verkauft. Die Freude
steht ihr ins Gesicht geschrieben.

Ich wünsche dir,
dass auch du das Glück
über Erfolge und gutes Gelingen
so richtig auskosten kannst.

Gelingen braucht viel Zeit,
es erweist sich unter Umständen
erst viel später, so wie eine Saat
von selbst aufgeht.

Martin Bogdahn

Ich wünsche dir,

dass du dich mit ganzer Kraft

für deine Ziele einsetzt und dich auch am

Erfolg der kleinen Schritte

freuen kannst.

Ich wünsche dir das Glück,
deinem Abenteuerdrang
nachgeben zu können,
die Welt mit neuen Augen zu sehen
und um viele Eindrücke bereichert
nach Hause zu kommen.

RIO DE JANEIRO
12,000 km
CHATHAM ISLANDS
1,152 km
CALCUTTA
11,392 km
HONG KONG
9600 km
CAPETOWN VIA CAPE HORN
10.416 km
TOKYO
9408 km
NORTH POLE
BOUNTY ISLAND
1.024 km
HONOLULU
8320 km
AUCKLAND ISLAND
574 km
VANCOUVER
12480km
SOUTH POLE
5600km
NEW YORK
15050km
STEWART ISLAND
285km
DEVIZES
19150km

Die Schönheit der Natur

im Wechsel der Jahreszeiten zu erleben,

schenkt immer wieder Freude, Gelassenheit

und Kraft für den Alltag.

Ich wünsche dir

glückliche Stunden, in denen du dich

im Einklang mit der Umwelt fühlst.

Welche Quelle der Freude,
wenn man die Natur liebt!

Johannes Messner

Spontane Eingebungen, lustige Erlebnisse,
auch wenn sie ganz unspektakulär sind,
sind die schönsten Freuden der Kindheit.
Ich wünsche dir, dass du die
Begeisterungsfähigkeit, Neugierde und Freude
von Kindern mitempfinden kannst.

Wo Anmaßung mir wohlgefällt?
An Kindern: denen gehört die Welt.

Goethe

SURF

Ich wünsche dir kleine Oasen,
wo du mitten im Alltag abschalten,
neue Kraft schöpfen
und ein wenig träumen kannst.

Ein paar Minuten der Stille
zur richtigen Zeit
können mehr Glück bedeuten
als die schönste Urlaubsreise.

Judy Parker

Nicht weil man glücklich ist,
ist man heiter,
sondern weil man heiter ist,
ist man glücklich.

Dieudonné

Auch wenn dir im Alltag
Steine in den Weg gelegt werden,
wünsche ich dir heitere Gelassenheit,
um diese Hürden zu überwinden.

Dass du auch im Alter

deinen jugendlichen Charme behältst,

und deine Begeisterung

für die Musik des Lebens

ungebrochen bleibt,

das wünsch ich dir.

„La cultura es la vida misma"
Tiempo de utopías
Carlos

Ich wünsche dir,
dass du in scheinbar
aussichtslosen Situationen nicht resignierst,
sondern immer wieder das Glück
eines neuen Anfangs erlebst.

*Eine Portion Unkompliziertheit
täte vielen gut.*
Anton Kner

Wie viel gute Laune
und Fröhlichkeit geht von der
in luftiger Höhe baumelnden Wäsche aus!
Glück liegt nicht in der Perfektion allein.
Ich wünsche dir, dass du alles,
was du anpackst, bei aller Sorgfalt
auch locker nehmen kannst.

Deine offene Tür und die Herzlichkeit,
mit der du allen entgegenkommst,
macht dich und andere glücklich.
Dass du aber weißt, wann du einmal
allein sein möchtest, und die Türe
einfach schließt,
das wünsch ich dir.

Ich wünsche dir, dass du von Zeit zu Zeit
die Dinge aus höherer Warte betrachtest,
damit die Belastungen des Alltags
dir nichts anhaben können.

*Immer, wenn ich mitten im Alltag innehalte
und gewahr werde, wie viel mir geschenkt ist,
werden die zahllosen Selbstverständlichkeiten
zu einer Quelle des Glücks.*

Gustave Flaubert

Manchmal kommt das Glück geflogen,
überraschend und leicht wie eine Feder...
Ich wünsche dir
solche Glücks-Momente gerade dann,
wenn du sie überhaupt nicht erwartet hast.

Dass du die Gegenwart genießt
und zuversichtlich nach vorne schaust,
dass du jeden Tag mit einem Lächeln beginnen
und mit Dank schließen kannst,
das sind meine
Glücks-Wünsche für dich!